Der Bücherbär

Eine Geschichte für Erstleser

Dieses Buch gehört:

____

Friederun Reichenstetter
arbeitete nach ihrem Sprachenstudium lange Zeit im Ausland
bei verschiedenen internationalen Organisationen.
1991 veröffentlichte sie ihr erstes Buch, viele weitere sind seitdem gefolgt.

Petra Probst
studierte am Lehrinstitut für grafische Gestaltung in München
und an der Kunstakademie in Turin.
Sie illustriert Kinder- und Jugendbücher, Spiele und Zeitschriften.

Friederun Reichenstetter

Hilfe für das Nachtgespenst

Mit farbigen Bildern
von Petra Probst

EDITION BÜCHERBÄR

In neuer Rechtschreibung

1. Auflage 2005

Einband und Illustrationen: Petra Probst
Gesamtherstellung: Westermann Druck Zwickau GmbH
ISBN 3-401-08904-8

www.arena-verlag.de

Das traurige Gespenst

Eine Turmuhr schlägt Mitternacht.
Laura steht ganz allein
vor dem verrosteten Eisentor
einer düsteren Burgruine.
Langsam schiebt sich der Mond
hinter den Wolken hervor.

Er wirft sein fahles Licht
auf die eingefallenen Mauern
und Türme.

Ein Käuzchen schreit,
dann fliegt es lautlos davon.
Fledermäuse flattern
durch leere Fensterhöhlen
und der Wind heult schauerlich.
Oder ist es gar nicht der Wind?
Weint da nicht jemand?
Laura dreht sich um –
und wacht auf!
Die Mama schaut
zur Tür herein
und ruft:
„Laura, Zeit zum Aufstehen!“
Bevor sie wieder hinausgeht,
fragt sie besorgt:
„Hast du schlecht geträumt?
Es hat sich angehört,
als ob du geweint hättest.“

„Ich glaube, in meinem Traum
hat jemand geweint“,
murmelt Laura verschlafen.
„Dann ist es ja gut!“,
meint die Mama und verschwindet.
Laura bleibt noch
ein bisschen liegen.
Das Beste am Aufstehen
ist das Liegenbleiben vorher.
Sie streckt sich und reckt sich
und gähnt –
da heult es wieder.
Laura reibt sich die Augen.
„Ich bin wach“,
sagt sie laut zu sich selbst,
„und ich heule nicht.“
Ein heiseres Schluchzen ertönt.
„Wer ist denn da?“, fragt Laura.

„Ich bin es!“,
greint ein zittriges Stimmchen.
„Ein Gespenst! Hab keine Angst!“
„Ich doch nicht!“, sagt Laura.
„Aber wo bist du überhaupt?“
„Am Fußende deines Bettes“,
schluchzt das Stimmchen.
„Und ich kann einfach nicht mehr
aufhören zu heulen. Buhuhuuuh!“

Da kommt die Mama
noch einmal ins Zimmer.
„Laura“, sagt sie streng,
„jetzt aber raus aus den Federn!“
Ihr Blick fällt auf die Wand
hinter Lauras Bett.
„Überall Spinnweben!“
Sie schüttelt den Kopf.
„Unglaublich, wie schnell
Spinnen ihre Netze weben!
Da werde ich heute mal
mit dem Staubsauger rangehen.“

Mama verschwindet wieder.
Die Spinnwebe
über Lauras Bett zittert.

Laura sieht es ganz deutlich.
Und je länger sie hinsieht,
desto weniger ist es
eine Spinnwebe.
Es ist eine hauchdünne Gestalt,
die ein weißes Gewand
mit einer Kapuze trägt.
Jetzt kann Laura sogar
ein kleines, bleiches Gesicht
erkennen.

„Du bist aber
ein trauriges Gespenst“,
stellt Laura fest.
Die Gestalt sackt
in sich zusammen und heult:
„Fast fünfhundert Jahre lang
habe ich keine einzige Träne
vergossen.“
„Aber warum jetzt?“, fragt Laura.
„Weil ich tagsüber, buhuhuuuh,
nicht mehr schlafen kann!
Nur nachts. Stell dir das vor!“

Das Gespenst lässt traurig
den Kopf hängen.
„Und ein Gespenst,
das nachts schläft,
ist doch gar kein Gespenst mehr.“
Das Gespenst seufzt laut.
„Tagsüber sieht man
mich ja kaum.
Für eine Spinnwebe
hält man mich!“

Laura hat eine Idee

Das Gespenst macht wirklich
einen elenden Eindruck.
Laura betrachtet es mitleidig.
Wenn ich ihm doch
nur helfen könnte!, denkt sie.
Dann fragt sie:
„Warum kannst du denn
tagsüber nicht mehr schlafen?“
„Weil man meine Burg
abgerissen hat!“,
schluchzt das Gespenst
verzweifelt.

„Eines Tages kamen viele Männer
mit großen Maschinen.
Sie machten einen Höllenlärm
und rissen mich
aus dem tiefsten Schlaf!“
„Wahrscheinlich
waren es Bagger“,
erklärt Laura.
„Und bestimmt war es
die Ruine Schwarzenstein,
die sie abgerissen haben.
Die war nämlich baufällig.
Das stand sogar in der Zeitung.“
Das Gespenst nickt
und fährt fort:
„Dann knallte es entsetzlich!
Die Burgmauern wackelten
wie bei einem Erdbeben.

Und dann fiel alles zusammen!
Buhuhuuuh!
Meine schöne Burg!
Fliehen musste ich!
Und das im hellen Sonnenlicht!
Wo Sonne doch Gift ist
für jedes Gespenst!“
Bei dem Gedanken an die Sonne
wird das Gespenst
noch blasser und durchsichtiger.
„Und dann?“, fragt Laura.
„Was ist dann passiert?“
„Seitdem
irre ich tagsüber umher
und abends verkrieche ich mich
irgendwohin zum Schlafen.
Gestern Nacht bin ich
zufällig bei dir gelandet.“

„Laura!“, ruft die Mama
zum dritten Mal.
„Wird’s bald?“
„Ich muss aufstehen!“
Laura schlägt die Decke zurück.

„Sonst komme ich
in Teufels Küche!“
„Dahin kommst du nicht“,
belehrt sie das Gespenst.
„Eine Teufelsküche gibt es nicht.

Das weiß ich zufällig
ganz genau.“
„Auch recht“, sagt Laura
und springt aus dem Bett.
„Hilf mir!“, fleht das Gespenst.
„Sag mir, was ich tun muss,
damit ich tagsüber
wieder schlafen kann.“

„Komm heute einfach
mit mir in die Schule“,
schlägt Laura vor.
„Nirgends wird man so müde
wie im Unterricht.
Alle sagen das.“

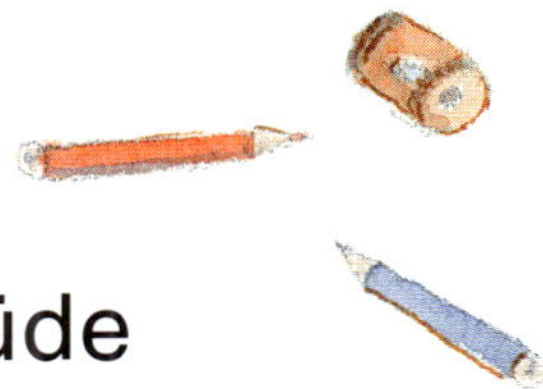

„Gern.“ Das Gespenst nickt.
„Setz dich schon mal
in meine Schultasche“,
sagt Laura.
„Ich muss nur noch
schnell frühstücken.“

Beim Frühstück fragt die Mama:
„Seit wann redest du denn
mit dir selbst?“
„Ich rede nicht mit mir selbst“,
antwortet Laura.
„In meinem Zimmer
sitzt ein Gespenst.“

„Hast du das auch geträumt?“,
fragt die Mama und lacht.
„Träume sind Schäume“,
brummt der Papa
hinter seiner Zeitung hervor.

Das Gespenst in der Schule

Mit dem Gespenst
in der Schultasche
macht sich Laura
auf den Weg zur Schule.
Philipp, der in ihre Klasse geht,
läuft hinter ihr her
und schreit: „Laura, wart mal!
Aus deinem Schulranzen
steigt Rauch auf!“

Ach du liebe Zeit, denkt Laura,
das Gespenst ist bestimmt
herausgekrochen und sitzt jetzt
oben auf meiner Schultasche.
„Das ist kein Rauch!“,
ruft sie Philipp zu.
„Das ist –“
– ein Gespenst,
will Laura sagen,
aber dann lässt sie es
lieber bleiben.
Schnell nimmt sie
ihren Schulranzen vom Rücken.

„Spinnst du?“, faucht sie
das Gespenst an.
„Niemand darf etwas
von dir wissen.
Sonst ist es mit deinem Schlaf
aus und vorbei!“

Folgsam legt sich das Gespenst
wieder neben das Pausenbrot.
Doch leider kommt das Gespenst
auch in der Schule
nicht zur Ruhe.
Denn gerade heute
nimmt die Lehrerin
die alten Raubritter-Burgen durch.

„Wer von euch kennt eine?“,
fragt sie.
„Ich!“, krächzt es plötzlich heiser
aus Lauras Schulranzen heraus.

„Wer war das denn?“,
fragt die Lehrerin erstaunt.
„Das war Laura“, ruft Philipp.
„Die ist heute ziemlich komisch.“
„Ich bin nicht komisch“,
sagt Laura
und bekommt einen roten Kopf.
„Ich habe nur einen rauen Hals.“
Selbst im Rechenunterricht
wird das Gespenst nicht müde.
Die ganze Zeit
rumort es verdächtig
in Lauras Schulranzen.

Zuerst fliegt
ein klebriges Bonbon heraus,
dann landet ein Spitzer
auf dem Fußboden.
Schließlich plätschert
irgendetwas.
„Unter Lauras Stuhl
ist es ganz nass!“,
ruft Philipp.
„Meine Saftflasche
ist aufgegangen“,
entschuldigt sich Laura.

Zum Glück klingelt es
in diesem Moment.
Laura ist heilfroh,
als sie sich mit dem Gespenst
auf den Heimweg machen kann.
Als das Gespenst
in Lauras Zimmer endlich
aus der Schultasche darf,
schimpft es:
„Langweilig war es zwar!
Aber dieser Lärm!
Wie soll ein Gespenst
da ein Auge zutun!“

Frühsport

Was könnte noch helfen?,
überlegt Laura,
als sie Hausaufgaben macht.
„Ich habe noch eine Idee“,
verkündet sie schließlich.
„Unsere Lehrerin hat gesagt,
dass es in anderen Ländern
Nacht ist,
wenn es bei uns Tag ist.
Zum Beispiel in China.
Du fliegst einfach nach China!“

„So schnell
komme ich nicht vom Fleck“,
winkt das Gespenst ab.
„Ich wette,
bis ich endlich in China bin,
ist es dort
auch schon wieder hell.“
Laura nickt.
„Du hast Recht“, stimmt sie zu.
„Dann treiben wir eben
vor dem Frühstück
ein bisschen Sport.

Danach kannst du
bestimmt einschlafen.
Und wenn es Mitternacht ist,
wachst du auf
und alles ist wieder
in Ordnung.“

Am nächsten Morgen
macht das Gespenst Kniebeugen,
es macht Purzelbäume
und es macht Handstand.
Es saust durchs Zimmer,
so schnell es
seine dünnen Beinchen tragen.

Bald ist das Gespenst
total erschöpft.
Doch als Laura
aus der Schule kommt,
schläft es noch immer nicht.
Es zittert wie Espenlaub.
„Sport ist für ein Gespenst
in meinem Alter nichts mehr“,
klagt es.
„Und müde wird man
auch nicht davon!“

Der Staubsauger

Aber es wird
alles noch schlimmer.
Am Nachmittag kommt plötzlich
die Mama mit dem Staubsauger
ins Zimmer.
„Ich wollte doch
die Spinnweben wegsaugen!“,
erklärt sie.
Und bevor Laura
es verhindern kann,
ist das Gespenst
im Staubsauger verschwunden.

„Halt!“, schreit Laura.
„Mach den Staubsauger aus!
Du hast das Gespenst
eingesaugt!“
„Weißt du, was?“,
sagt die Mama ärgerlich.
„Saug dein Zimmer
am besten selbst,
dann passiert so was nicht.“
Sie lässt den Staubsauger stehen
und geht hinaus.
Aus dem Staubsauger
kommt ein Ächzen und Stöhnen.
„Lebst du noch?“,
fragt Laura besorgt.
„Kaum mehr“, tönt es dumpf
aus dem Innern
des Staubsaugers.

Im Staubsaugerrohr
schabt und scharrt es,
und heraus flattert das Gespenst.
Es sieht entsetzlich aus!
Mit einem Gespenst hat es
gar keine Ähnlichkeit mehr.
Nicht einmal mit einer Spinnwebe.
Es sieht aus wie
eine hüpfende Staubflocke.

Eine schaurig-schöne Nacht

„So kann es nicht weitergehen!“,
sagt Laura entschlossen.
Sie denkt angestrengt nach.
Sie runzelt die Stirn
und knabbert
an ihrem Daumennagel.
Endlich hat sie
einen Supergedanken!
„Jetzt weiß ich, was wir machen“,
ruft sie.

„Heute Nacht erzählen wir uns Schauergeschichten. Damit halten wir uns wach. Und morgen früh fällst du dann um vor Müdigkeit.“ „Au ja“, sagt das Gespenst begeistert.

Als Laura ins Bett geht, sitzt das Gespenst auf ihrem Kopfkissen und gähnt fürchterlich.

„Jetzt wird nicht gegähnt!“,
befiehlt Laura.
„Jetzt wird erzählt!
Du bist als Erster dran!“
Das Gespenst beginnt:
„Mitternacht war es,
die Eulen schrien.
Die Kröten unkten!
Da klopfte es ans Tor
der Burg Schwarzenstein.“
Dem Gespenst sinkt der Kopf
auf die Brust und es schläft ein.

Laura rüttelt es.
„Aufwachen!“, ruft sie.
„Wie geht die Geschichte weiter?“
„Also, es war Mitternacht“,
fängt das Gespenst wieder an.
„Die Eulen schrien.
Die Kröten unkten.
Es stürmte, blitzte und donnerte.
Da hörte ich Hufgetrappel
und kurz darauf
klopfte es ans Tor.
Draußen stand Graf Dagobert.
Dieser Kerl war ein Scheusal! –
O Teufel, bin ich müde!“
Das Gespenst
beginnt zu schnarchen.
„Schnarchen gilt nicht!“
Laura pufft es in die Seite.

Das Gespenst schreckt hoch.
„Wo war ich stehen geblieben?“,
fragt es.

„Bei Graf Dagobert“,
antwortet Laura.
„Richtig! Grausam und böse
war er!
Viel widerwärtiger als ich
zu meinen Lebzeiten.
Schon längst wollte ich ihn
für seine Bosheit bestrafen.
Deshalb fuhr ich
mit meinem Kopf unterm Arm
heulend zum Burgtor hinaus!
Siehst du! So!“

Das Gespenst
nimmt seinen Kopf ab
und klemmt ihn unter den Arm.

„Graf Dagobert fiel mausetot
vom Pferd, so erschrak er!“
„Unheimlich stark war das eben!“,
ruft Laura begeistert.
„Richtig gruselig!“
„Ehrlich?“
Das Gespenst wird richtig munter.
„Hast du mich eben
wirklich unheimlich gefunden?“
„Und wie!“ Laura nickt.
„Mir ist ein kalter Schauer
über den Rücken gelaufen!
Das ist mir noch nie passiert!“

Geisterstunde

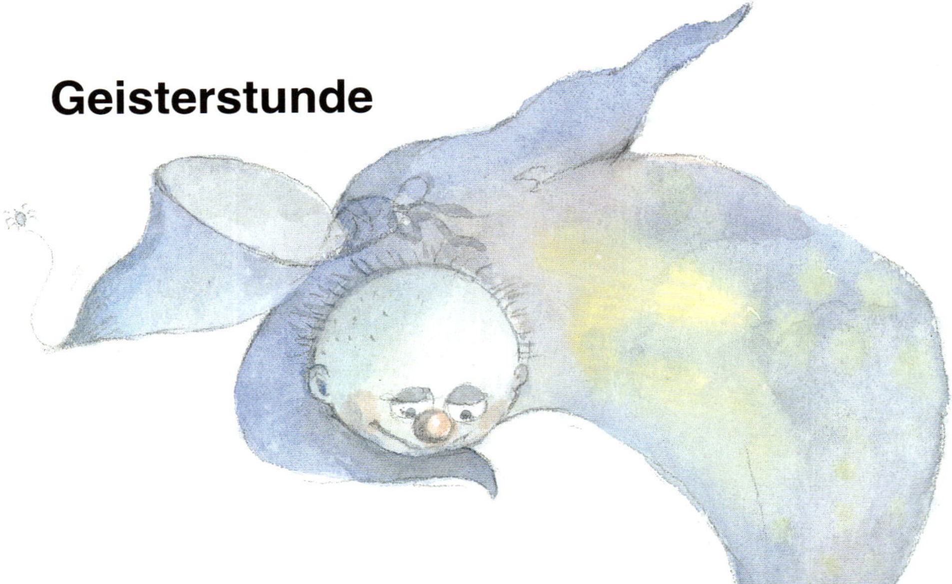

Plötzlich sieht das Gespenst
gar nicht mehr
wie eine Spinnwebe aus.
Von Sekunde zu Sekunde
wird es größer und kräftiger.
Seine Augen leuchten.
„Willst du noch mehr
schaurige Geschichten hören?“,
fragt es begierig.
Und schon erzählt es weiter.

An Schlaf ist nicht zu denken,
so aufregend kann
das Gespenst erzählen!
Im Nu ist es Mitternacht.
Die Kirchturmglocke schlägt
und der Vollmond
sieht geradewegs
zum Fenster herein.

Laura macht das Fenster auf.
„Hui, Huiiiiiiiiii!“,
pfeift das Gespenst
und schwingt sich
auf das Fensterbrett.
Richtig gespenstisch sieht es aus!
Sein weißes Gewand
weht im Wind.
Den Kopf hält es noch immer
unter dem Arm.

„Endlich bin ich wieder
ein Nachtgespenst!“, ruft es.
Da fällt Laura etwas ein.
„Ich habe eine tolle Idee!“,
verkündet sie.

„Nicht weit von hier
steht das alte Schloss Rabenfels.
Das ist auch
richtig unheimlich
und noch gar nicht baufällig!
Da kannst du doch hinziehen!
Du musst nur immer
am Fluss entlangfliegen.
Dann bist du schon da!“
Das Gespenst heult laut auf
vor Begeisterung.

„Auf nach Schloss Rabenfels!“,
ruft es in die Nacht hinaus.

„Eigentlich ist es ja
höchste Zeit,
dass ich einmal umziehe.
Schließlich habe ich
fünfhundert Jahre lang
in derselben Burg gewohnt.“
Das Gespenst erhebt sich,
dreht ausgelassen
eine Runde durch den Garten
und landet wieder
neben Laura.
„Danke für alles!“, ruft es.
Und dann fügt es
ganz leise hinzu:
„Danke, dass du
ein bisschen Angst
vor mir gehabt hast!“
Dann fliegt es davon.

Der Bücherbär
Eine Geschichte für Erstleser

Sarah Bosse, ISBN 3-401-07583-7
Der kleine Pirat und das Seeungeheuer

Achim Bröger, ISBN 3-401-07137-8
Nickel spielt Lehrerin

Willi Fährmann, ISBN 3-401-07419-9
Der Wackelzahn muß weg!

Willi Fährmann, ISBN 3-401-07524-1
Hundert Hüte und ein Fußballspiel

Eveline Hasler, ISBN 3-401-07420-2
Die Schule fliegt ins Pfefferland

Ingrid Kötter, ISBN 3-401-07422-9
Mädchen sind Klasse!

Manfred Mai, ISBN 3-401-08710-X
Eine Mannschaft für Paul

Manfred Mai, ISBN 3-401-07582-9
Tobias und der starke Ritter

Mücki & Max, ISBN 3-401-07242-0
Die schönsten Kinderwitze

Mücki & Max, ISBN 3-401-07667-1
Noch mehr tolle Kinderwitze

F. Reichenstetter, ISBN 3-401-08904-8
Hilfe für das Nachtgespenst

Anne Steinwart, ISBN 3-401-07471-7
Jakob in der Räuberhöhle

Christa Zeuch, ISBN 3-401-07427-X
Zusammen sind wir stark

Jeder Band: Ab 6 Jahren. 56 Seiten. Gebunden.
Mit Bücherbärfigur am Lesebändchen

EDITION BÜCHERBÄR

www.arena-verlag.de